U0017410

Let's Read 讀讀樂　藝術人文類

大家來逛祖師廟

故事‧吳望如　　繪圖‧陳麗雅　　攝影‧唐學明

活動、導讀、教學運用‧九年一貫課程教學研究會

感謝三峽李楷瑞先生支援本書之製作

冬冬暑假時和爸爸回去了一趟阿公家，從阿公那兒學到了許多古老的鄉土棋藝，讓他這學期在學校中出盡了鋒頭。因此冬冬現在時時刻刻都盼望爸爸有空再帶他們回阿公家。

這天午後，車子正在高速公路上飛馳，爸爸手握方向盤，一邊開車，一邊跟媽媽討論著北二高通車後的便利情形。只因爸爸工作太忙，不然，冬冬可是盼望每天都可以回阿公家！妹妹妮妮在車上很無聊，只好拿起她早就不玩的電子雞餵食，一邊不耐煩的問爸爸什麼時候才會到阿公家。

下了三峽交流道後又開了一段時間，只見兩旁出現高大的樟樹和坐落在嫩黃油菜花田中的低矮三合院房舍，那不就是阿公家嗎！

「阿公！」「阿公！」妮妮已迫不及待的大叫。

這時躺在榕樹下休息的阿公睜開惺忪的雙眼，起身叫了一聲正在雞舍旁餵雞的老伴，然後帶著滿臉笑意迎向冬冬和妮妮，爸爸和媽媽從後車箱帶下了大包小包的禮物。

「這一次回來過年，可要住上一段時間呢！」爸爸邊走向阿媽邊說，阿媽這時忙著跟兩個小傢伙玩，根本沒注意到爸爸說了什麼。

晚餐時，阿媽煮了滿桌子的佳餚，讓兩個小傢伙食指大動，平常在家裡吃飯都要三催四請的，現在在餐桌上可是「拼」了起來！看在媽媽眼裡，真是高興極了。爸爸調侃冬冬說：「照你這樣吃法呀，很快就會像祖師廟前的神豬了！」

「神豬？」

神豬競賽

☀ 每年農曆的正月初六，是清水祖師爺的誕辰，三峽鎮民都會舉行盛大的慶典，而且它的慶典規模還是全省最大的。

☀ 祖師廟的每年祭典，是以劉姓、陳姓、林姓、李姓、王姓、中庄雜姓，以及雜姓等七股來輪辦。

☀ 每年這幾天，家家戶戶都會準備豐盛的牲禮，並且舉辦壯觀的「神豬競賽」，在廟前搭起裝飾華麗的彩棚，以表達信徒們對祖師爺的虔誠，這些比賽的豬，大多需要細心照顧，牠們的重量也大多在一千台斤以上，噸位之大，令人咋舌，再加上是用來祭神的，因此也就被稱為神豬。

攝影／李楷瑞

「什麼是神豬啊？」冬冬抬起沾著飯粒的臉龐，一臉疑惑的問爸爸，「哈！哈！哈！」阿公笑著說：

「難怪你會不知道什麼是神豬！」

「別忙，別忙，先吃飯，日子還沒到，待過了年，開了春，阿公再帶你們去祖師廟看神豬，神豬可是特別的日子裡才可以看到的。」阿公暫時賣了個關子，讓兩個小鬼心中充滿了好奇與期待。

在鄉下過年，家中常常有來串門子的大嬸婆、三姑婆，加上來來往往拜年的親戚朋友還真不少，讓這個古樸的三

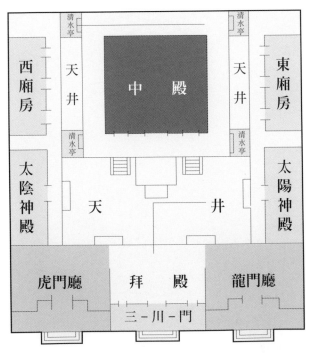

三峽祖師廟是一座有「兩殿兩廊」格局的廟宇

攝影／李楷瑞

8

合院增添了許多過年氣氛。尤其樂了冬冬和妮妮，他們倆口袋裡可都是「麥克」「麥克」的，嘴裡塞滿了阿媽準備招待客人的糖果、餅乾，卻還每天拉著阿公的手問：「什麼時候去看神豬？」

阿公故作神秘的笑著說：「再過幾天！再過幾天！」

等待中的冬冬和妮妮，只好找來隔壁的阿奇、丫頭、小胖、福哥……等，在院子裡玩起大地遊戲，或到榕樹下玩著去年暑假阿公教的各種鄉土棋藝，雖然臉上洋溢著滿足笑容，可是心裡惦記的還是看大神豬這件事。

鄉土棋藝

☀ 圍棋一般被稱為「文棋」，而象棋則被稱為「武棋」，除這兩者之外，尚有許多棋類遊戲，只要是在地上，畫上棋盤圖形、撿拾石頭瓦片就可玩的，大多被稱為鄉土棋藝，如直棋、包棋、虎棋……等。

廟會

☀ 廟會除了在該廟所奉祀的神明誕辰時舉辦之外，凡是新廟落成或其他廟宇的神明來「進香」、「割香」等活動，也都可以視為廟會。在廟會中，都會有很多的民俗表演，或傳統小吃聚集，為平日忙碌的農民，提供一個休閒的節慶活動。

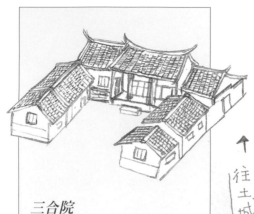

三合院

☀ 三合院是台灣傳統建築的一種型式，在鄉下地區，目前仍可以看到這種樣式的房子，在正廳的左右會有護龍，而左右再往前搭建出左右伸手，形成一個ㄇ字形的建築群，中間的空地也會形成一個「埕」用來晒稻穀。

三峽祖師廟在哪裡？

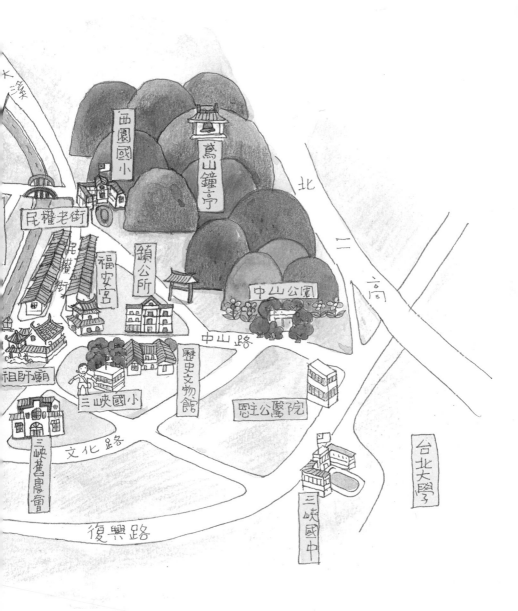

看神豬

「起床了，兩頭『大懶豬』！趕緊起來穿衣服、刷牙、洗臉，吃完早餐我們就要去祖師廟了！」媽媽走進房間，一邊拉開窗簾，一邊催著冬冬和妮妮。

一聽到要去看大神豬，兩個人的瞌睡蟲全不見了！三步併成兩步，他們很快的把早餐吃完，等著阿公帶他們去祖師廟。

一年一度的清水祖師爺誕辰舉辦了廟會，為這北台灣純樸的小鎮帶來了一股節慶的氣氛，整個鎮上都因為廟會頓時熱鬧了起來，從各地蜂擁而來的小販，將小鎮的主要街道擠得水泄不通。

香爐是祭祀必備的重要用具。通常以金屬鑄成，祭拜玉皇大帝的爐叫「天公爐」。

冬冬、妮妮拉著阿公趕來開開眼界，撥開擁擠的人潮，祖孫三人好不容易擠到了廟前。廟前廣場上架設了巨型喇叭，傳出震耳欲聾的音樂，像是催人似的一陣強過一陣，突然間，冬冬眼睛一亮，一車車的神豬就陳列在廟前。

「哇塞！」

「一千多台斤，怎麼會有這麼大的豬呢？」很少看到豬的冬冬和妮妮七嘴八舌的討論起來。

攝影／李楷瑞

廟的入口處左右常會出現一對石獅

虔誠的信徒跪在正殿前方膜拜

祖師廟正殿供奉著清水祖師

「你們在說什麼呀？」冷不防從角落裡冒出來的小胖、阿奇、丫頭，原來他們也和三叔公一起來逛廟會，大夥湊在一起，讓逛廟會的心情更來勁兒。阿公說道：

「賽神豬是這個小鎮的傳統，每年的這個時候，養豬的豬農就會將自己所飼養的豬隻帶到此地比賽，比比看誰的豬最重，最重的豬可分別獲得各種獎賞，不但有獎金拿，還很有面子！同時也會得到祖師爺的庇祐。」

看看這些神豬，架在由小發財車所組裝、布置的車上，嘴裡含著橘子，身上的毛被剃到只剩中間一排，後面則被插上各種道教令旗，這些景象讓冬冬和妮妮看得目瞪口呆！

供桌上祭祀的金紙和祭品

①　天公爐
②　莊嚴肅穆的祭壇
③　金亭，用來燒紙錢
　　（金紙）的地方
④　籤筒，用於請示神
　　意的器具。

隨（又稱員光），在
兩柱之間。

插角，
又叫雀替或托木，
是樑與柱的交點。

吊筒，
具有承載樑柱
重量的作用。

正殿上方的屋脊有雙龍搶珠

三對龍柱

龍柱下方有「柱礎」(又稱
柱珠),作為柱子的基礎。

「還有更精采的！」阿公提醒著冬冬一夥人，準備一起進入祖師廟。

三叔公是有名的講古先生，他在廟口停了下來，習慣性的清清嗓門說：「這座廟大有來頭，有『東方的藝術殿堂』之稱呢！」

「什麼是東方的藝術殿堂啊？」

廟宇除了有豐富石雕、木雕作品，
還有一些利用「陰刻書畫」的雕刻作品。
你可以在廟裡的牆上找。

東方的藝術殿堂

☀ 祖師廟的第三次重建，是由台灣前輩畫家，同時也是三峽地區的望族——李梅樹教授主持，他堅持用傳統廟宇的形式以及建築技術，並聘用優秀的正統匠師，而且不用現代的鋼筋混凝土來重建祖師廟。因為一切以手工為主，並聘得諸多後來都成為國寶級藝師的李松林、黃龜理……等大師來一同建廟。在慢工細活中，祖師廟已經施工四、五十年，仍在續建中，許多外國人來此參觀，見到了細膩的木雕、石雕作品，不禁讚嘆它為東方的藝術殿堂。

幾個小鬼全都一臉疑惑的看著三叔公。

「哦……」三叔公摸摸他的山羊鬍，擺開了說書的架勢說道：「祖師廟是三峽鎮民在信仰、文化及精神寄託上的中心，這座廟先後重建了三次，最後一次重建是由台灣前輩美術家李梅樹教授所指導，重建迄今已將近五十年了。」

李梅樹 (1902~1983)
☀ 1902年出生於台北三峽鎮。自小喜歡音樂和美術，曾赴日習畫，學成返國，除了從事繪畫工作，也與楊三郎等人創組「台陽美術協會」。李梅樹並曾負責指導三峽鎮上重修祖師廟的工作。

廟埕前的一對石獅

石獅

☀ 獅子是萬獸之王，據說中國原本無獅，但獅子傳入中國後，獅又勝虎，因此，獅子就被視為兇猛，且具有避邪、鎮煞功能的瑞獸，因此一般的廟宇或大戶人家都用石獅來鎮守大門，一般廟門口的石獅多為一對，在龍邊的（背對廟門的左邊），是公獅，其造形為口含珠球，腳踩繡球，在虎邊的（廟門口的右邊）是母獅，其造形為逗弄小獅子。

☀ 請分辨哪一隻
是公獅，
哪一隻是母獅

◀ ▶

23

「哇，怎麼蓋這麼久！」妮妮插嘴問三叔公。

「是啊，當時我和你三叔公也還是年輕的小夥子，沒想到歲月真是催人老呀！」看得出阿公有無限的感慨。

「這座廟會蓋這麼久，是因為李教授當年堅持傳統手工的方式來蓋廟，因此才會花這麼多時間。」三叔公繼續說著，並開始介紹起廟前的石獅子。

妮妮和冬冬一屁股便坐在門枕上，聽三叔公介紹石獅：

「石獅也分公獅、母獅，一般公獅是戲球的，而母獅則是帶著小獅子……」

「不要坐在那上面！」突然阿公向冬冬、妮妮大喊，讓兩個小傢伙著實嚇了一跳！

御路，這是神明專用的坡道，人不能踏踩。

　　「你們坐的這個門枕又叫『乞丐座』，早年乞丐都會趁廟
會人多時來到廟前，分坐在兩邊門枕上，伸手向進廟的人
乞討財物，所以大家就習慣稱門枕爲『乞丐座』，老人家都
會告訴孩子不要坐在上面，以免以後也變成乞丐！」

　　「哈！哈！哈！丐幫頭頭冬冬！」小胖、阿奇在旁笑
著，讓冬冬和妮妮頓時漲紅了小臉。

　　「不知者無罪，這就是不經一事，不長一智！事實上這
座廟還有許多東西可以介紹呢，說上個三天三夜都說不
完，大家靠過來，讓三叔公說給你們聽！」

　　「三川門前的雕刻通常最精采，而且有相當豐富的意

祖師廟前面的門埕 ▲

進三川門前方的拜殿 ▶

祖師廟

☀ 三峽祖師廟又稱長
福巖、清水祖師廟,自
古以來就是三峽地區的
信仰、社會、經濟文化
中心,建於清乾隆34年
(西元1769年),1833年
因大地震而第一次重
建,到了1895年,因抗
日,祖師廟被毀,居民
第二次重建祖師廟,於
1910年落成。光復後,
在1947年祖師廟三度重
建,迄今仍在續建中。

涵，因為它代表一座廟的門面，所以匠師們在施工做廟門口時都特別的用心。」

「是不是就像一個人的臉？」冬冬插嘴問道。

「對！像左邊這幅石雕與右邊那幅石雕，它們可是有圖象象徵意義的喔！你們仔細瞧瞧，看到些什麼再告訴三叔公。」

「不就是拿著刀劍的武士嗎！」小胖發表了意見。

「不對，不對，它是有故事的！」丫頭也說了她的看法。

「冬冬你認為呢？」阿公問冬冬。

「我覺得它像三國演義的故事，因為畫中的人都穿著古代的服裝，有武士，也有童子……等。」

「你們都說的沒錯，讓三叔公來告訴你們。」

圖象象徵

☀ 圖畫或圖象的內容帶有諧音或隱喻的意思，用來取其吉祥之意的一種方式，我們都可以稱它帶有圖象象徵的意義。在中國吉祥畫、水墨畫，或建築的雕刻中，常可以見到圖象象徵的手法。

「左邊的這幅石雕，雕了一個武士拿著大旗，身邊站立著一個童子手持一顆彩球，在吉祥的象徵意義裡是『祈求』的意思」。

「右邊這幅的武士，手中拿著戟，這是一種古代的武器，身邊的童子手上則拿著磬是一種古代的樂器，則是取『吉慶』的諧音，兩邊合起來就是……」

「祈求吉慶！」幾個小鬼反應很快，馬上不約而同的回答。

「你們反應很快嘛，真是孺子可教也！」

拜殿

三川門

☀ 在廟宇最前端的門面建築稱為「三川殿」；一般開有三個門，稱為「三川門」，正門在中央，是神明走的；龍邊的門是入廟用的；虎邊的門是出廟用的。由於這是進廟的所在地，因此三川門前屋簷底下盡是精雕細鑿的木雕或石雕作品，一般而言，除了正殿外，匠師們用心最多的地方就在三川門。

抱鼓石也稱為螺鼓

廟中尋寶

「好吧，現在就讓我們進廟去參觀。」大夥正準備穿過重重的祈福人潮進入廟裡，走在最前面的阿奇卻突然被阿公叫住，一臉疑惑的他回頭望著阿公。

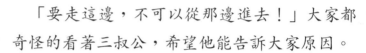

「要走這邊，不可以從那邊進去！」大家都奇怪的看著三叔公，希望他能告訴大家原因。

「對了，忘了告訴你們，廟門口左右兩堵牆壁上還有很重要的雕刻，分別稱『龍堵』和『虎堵』，也叫龍邊、虎邊，這可不能隨便走呢！」

「一般進廟是不能走正門的，因為正門是讓神明走，香客只能從兩側的門進出，而且通常是『龍邊進、虎邊出』，這樣才符合中國人左進右出的習慣，同時從虎邊出，隱喻著『虎口餘生』的意義，不然從虎邊進，不就是『羊入虎口』了嗎！」

剛才被取笑的冬冬，這時總算有報仇的機會了，他走到阿奇身邊，擺著一副奸詐笑容，諷刺的說：「阿奇差點就羊入虎口，真是危險呢！」

銅塑浮雕

└─右虎門　　　　　　　　　　　　　　　　　　　　　左龍門─┘

　　阿公和三叔公在旁也笑了起來，同時他們告訴這幾個小
朋友：「人外有人、天外有天，我們不知道的事可多著
呢！就拿廟門口來說，有些是『忠孝節義』的故事石雕，
有些則是『四季平安』，也有記載典故及風土人情的門楹書
法……等，都是值得我們一一去研究的。」

　　進了廟門，看見三川殿的左、右兩個側邊各有一座銅塑
浮雕，三叔公繼續爲他們介紹：

正殿上方有漂亮精緻的木雕和石雕作品

清水祖師像供奉在正殿 ▶

　　「右邊的是『蘇武牧羊』，左邊則是『田單復國』的故事，這是當年李梅樹教授帶著國立藝專學生在此製作而成的，一般廟裡通常以東周列國誌中的封神榜故事或三國演義中的故事來作為題材，希望達到『教忠教孝』的功能，很少有人會用蘇武牧羊或田單復國為題材，因此這也是祖師廟的特色之一呢！」

　　往前走到了金碧輝煌的正殿，只見阿公、三叔公合掌向供奉在正殿的祖師爺膜拜，幾個小朋友也依樣畫葫蘆地拜了起來。

清水祖師爺

☀ 清水祖師的生平傳說很多，各廟記載都有不同。三峽祖師廟的說法記載，祖師本名陳昭應，是南宋開封人，曾追隨文天祥抵抗元朝，後來隱居到福建安溪的清水巖，當地人後來建祠堂祭祀他，尊稱他爲清水祖師公。

☀ 還有一種傳說：祖師爺是一位得道高僧，有一年安溪地區大旱，他恰巧路過安溪地區，以隨身之手杖擊地，傾刻之間地上裂出了一條大縫，並湧出大量清水，解救黎民於大旱之中，也因而被稱爲清水祖師。

☀ 除此之外，更傳說他有祈雨、施藥、示警的奇特能力，尤其鼻子掉落示警最被人們稱奇，凡是有大災禍要發生之前，祖師爺的鼻子必會脫落，也因而讓他有了「落鼻祖師」的封號。

☀ 清水祖師的面貌呈黑色，也因而他又被稱爲「黑面祖師」。據說他曾和惡鬼鬥法，被火及濃煙連熏七天七夜不死，故面色呈黑色，與他鬥法的惡鬼甘拜下風追隨他，成爲張、黃、蘇、李四大將軍。但也有另一種說法，則謂四大將軍，原本就是祖師爺的部將。

位於前殿的出入口以及廂廊邊
上，有許多雕工精美的石雕。
你可以從每一幅雕作上，欣賞雕
工技法以及蘊藏的涵義。

◀

祈求和膜拜是一種心靈的寄託，
但是不能迷信。

◀ ▼

石枕，也稱門箱，你覺得它的樣
子像不像枕形？

「三叔公，祖師爺有傳說故事嗎？」

「當然有許多靈驗的故事了，否則怎麼會有這麼多人來拜拜！」

「清水祖師爺是我們安溪人所供奉的神明，他本名叫陳昭應，素有『落鼻祖師』的封號。」

「為什麼叫落鼻祖師呢？」這一回輪到妮妮好奇的問。

「相傳每回若有大災難要發生，清水祖師爺的鼻子就會掉下來，提醒民眾有大事要發生了，而且每次都靈驗無比。當年『中法戰爭』之時，法國人想突擊並攻打淡水，那時淡水祖師爺的鼻子曾掉下來示警，讓淡水有所警覺而準備，因此打敗了法國人，並且還讓法國將領孤拔陣亡。此外還有很多相當靈驗的故事，三叔公以後再說給你們聽。」

「注意看正殿的三對龍柱有什麼特色？」

「用鐵柱圍了起來！」

「刻了龍和鳳。」

「非常壯觀。」……大家七嘴八舌的表示意見。

「還有呢？再仔細看看！」三叔公再次提醒大家。

這幾個小傢伙左看右看，上望下望，就是找不出來，最後只好投降，請三叔公為大家介紹。

「這三對龍柱每根都花了三年多的時間，由工匠一刀一刀的雕鑿出來的，雕工之細和艱難可想而知，整座祖師廟就數正殿這三對龍柱雕刻得最精采，同時這三對龍柱也各有不同的名稱，正中央這對叫『雙龍鋒劍金光聚仙陣』，接下來的是『百鳥朝梅』，最外側的則是『雙龍朝三十六官將十八騎』。」

「哇，好複雜的名字，怎麼記得住呀！」幾個小傢伙你一言，我一語的討論了起來。

龍柱

☀ 一般在廟宇的正殿前，用來支撐正殿的柱子，都刻有龍的圖樣，稱為龍柱，又稱「蟠龍柱」，指的是未升天的龍，所以盤在柱子上。早期的龍柱是一柱一龍，雕工樸拙，到了近代則愈來愈華麗，成了「一柱雙龍」，這是從清朝末年留下來的流行形式之一，匠師們稱這種形式為「天地交泰」式，其造形為上下各有一條龍，中間穿插著武場的人物、飛禽、走獸等，現代的龍柱則大多採透雕的方式，充分表現匠師高超的技巧。

龍柱細部雕刻

雙龍鋒劍金光聚仙陣

☀ 是祖師廟正殿中央的一對龍柱。雕刻有雙龍盤繞在角柱上，龍身上刻有各種人物，姿態生動有力，彼此之間又可藉龍的姿態相互呼應。這對龍柱的故事，出自《劍鋒春秋》一書，是敘述戰國時代白猿偷來扇子，並邀請15位道友，協助孫臏，破海潮聖人和五華帝君的金光聚仙陣的故事。這一對龍柱花了匠師3年的時光才雕成，仔細欣賞可以看出傳統石雕工藝匠師的高超技法。

雙龍朝三十六官將十八騎

☀ 位於祖師廟正殿最外側的一對龍柱,是李梅樹教授
的構想,其設計圖是由當時台灣最頂尖的石雕師傅蔣銀
墙繪製,再交由石匠雕刻而成,這一對柱子的人物很
多,是李梅樹綜合歷史故事、神話故事而成。

「那三叔公就介紹你們比較好記的『百鳥朝梅』吧！它可是有一番典故的喔！」

「據說當時李梅樹教授將其構想『萬邦來朝』之意與石雕師傅蔣銀墻討論後，決定以梅花代表中國，以百鳥代表友邦，將這柱子取名為『百鳥朝梅柱』。可是匠師雕完三十六種時，已經將他畢生雕過的鳥都刻上去了，再也想不出還有哪些鳥的型態可以雕刻，只好告訴李教授，於是李教授便親自將其他鳥形圖案畫成圖稿，交給匠師雕刻，所以從這根柱子上，還可以發現許多外國鳥的蹤跡呢！此外，這對柱子也是李梅樹教授所捐獻的。」

百鳥朝梅

☀ 百鳥朝梅這一對花鳥柱，也位於正殿前，是祖師廟中，最被津津樂道的一對柱子，也是參觀的重點。它的柱身盤繞著粗大的老梅樹，在梅花盛開的樹枝上，有著各種不同的小鳥，每隻柱子上各有50隻鳥，它設計的意義乃因梅花為國花，百鳥朝梅隱喻著萬邦來朝之意。

　　「一隻、兩隻、三隻……」，聽了三叔公的介紹之後，冬冬他們便繞著柱子一隻隻認真的數了起來，

　　「你們下次有空再數吧，我們還有很多東西要看呢！」

　　「你們抬頭看看正殿上方，有什麼感覺？」

　　「哇，好像在轉耶！這又是什麼呀？」丫頭第一個提出問題。

　　三叔公繼續說著：「這叫做藻井，在台灣廟宇中因為大多以斗拱方式來裝飾，因此在最上方都會做成『藻井』的方式。」

　　「這裡的藻井有許多不同的樣式，其中以正殿的『螺旋式藻井』最特別，它的外型是一個八角的井，再向上逐漸旋成圓形，你們會覺得它在旋轉，是因為這些斗拱由圓形變成菱形，因此增加了旋轉的感覺，由於它相當精緻、漂亮、特別，還因此成為郵票發行全國呢！」

正殿上，精工細琢的木作。

除了精彩的石作，
廟裡也有許多精緻的木作。

　「哦，難怪我覺得它很眼熟！」向來有集郵習慣的冬冬
馬上接著說：「下次我一定要告訴班上同學我來過祖師
廟，還看到郵票上的景物。」

　「正殿內的牆壁上及樑柱間的雕刻也有故事嗎？」小胖
也不甘示弱的問三叔公。

　「對了！正殿牆上也有許多精采和精緻的木雕，每一個
都有故事，而樑柱間的『雀替』上則有鰲魚，這也是一般
廟宇中最常見到的神話動物。因為鰲魚是龍頭魚身的動
物，在傳說中它喜歡吞火，於是常用它來壓制火神，防止
火災發生，廟宇中由於香火鼎盛，加上大多是木造建築，
最怕引起祝融之災，所以才會在樑柱間的雀替上發現鰲魚
身影。」

雀替

🌟 又稱「插角」或「托木」，它位於樑與柱的交叉處。加上雀替，具有穩定直角的功能，通常都用鳳凰、鰲魚、花鳥、人物做為題材，在廟宇中以鰲魚與鳳凰最為常見，因為鰲魚具有防火的心理功能，鳳凰有祈求祥瑞之意。

鰲魚

🌟 鰲魚是龍首魚身，有魚躍龍門之隱喻，也是祈求為官之意。除此之外，鰲魚善水，因此在廟宇雀替上若出現鰲魚，大多用來祈求遠離火神之意。

魁星

🌟 是文昌帝君的化身，魁星腳踏鰲魚，有獨占鰲頭之意，手拿墨斗，腳踢七星，是古代求取功名所奉祀的神，在現代的各類考試中，拜魁星的人亦不在少數。

吊筒

隨，又稱「員光」

雀替，又稱「插角」或「托木」

▶ 正殿上方的藻
　井，是網狀的
　天花板結構。

藻井

☀ 藻井都用在廟宇「廳」的上方，是由斗拱所形成用來裝飾屋頂的一個結構體，藻是代表華麗，井代表形狀。斗拱在秦漢時就已經發展成熟。斗是立方體的木構件，有方斗、圓斗、八角斗⋯⋯等，拱則呈「板狀」，利用兩者的相互交疊及榫接方式，可以像積木般的向外延伸，形成變化多端的屋架，來支撐屋頂。而這樣的結構也產生了許多造型，像祖師廟的藻井結構，是採螺旋式（或稱迴旋式），先是八角形的井，再向上逐漸旋成圓形，而巧妙的是內層的這些斗拱也由圓形變成了菱形，增強了視覺上旋轉的效果。

「這隻鰲魚和魁星腳下踏的那隻是不是一樣呢？」冬冬又問三叔公。

「你越來越厲害了，能舉一反三，眞不愧是模範生！」三叔公誇著冬冬，只見冬冬不太好意思的看著大家。

廟宇的上方，
利用交趾陶和剪黏做為裝飾，色彩鮮豔而華麗。

牌頭，大都位於垂脊的尾端，
以忠孝節義故事中的人物為題材。

「魁星也稱文昌君，是主管功名的神，大部分廟宇中都
會供奉文昌君，祂手拿墨斗、腳踏鰲魚，有『獨占鰲頭』
的意思，因為相傳鯉魚躍過龍門就會成為鰲魚，而鰲魚是
龍族的一支，因此意味著古代科舉高中狀元、進士的意
思。」

　　當大夥正聚精會神的聽三叔公講鰲魚的典故時，突然鐘鼓齊鳴，大家都嚇了一跳！不約而同的朝聲音的方向望去，發現聲音是從兩側的偏殿頂上發出的，再看看正門，似乎突然熱鬧起來。

　　「哦！今天又有團體來進香了，大概是分靈出去的祖師爺回娘家。」阿公告訴大家，同時也帶大家往擊鼓的地方移動腳步。

「所有的廟都有鐘和鼓，鼓在古代是迎戰的意思，鐘則有示警之意，後來廟中放這兩樣東西，當它們齊鳴時則有歡迎的意思。祖師廟的鐘鼓樓可是特別建造的，不但華麗、精美，屋頂更設計成六角形的『攢尖頂』，上頭還各有一個寶塔式的建築。

攢尖頂

☀ *攢尖頂是傳統建築中，屋頂的形式之一，祖師廟的鐘樓、鼓樓都是六角形的攢尖頂形式。*

鐘鼓樓，
位於廟宇正殿前的兩側，
左側的懸鐘，右側的吊鼓。

鐘鼓樓

☀ 一般的廟宇都將鐘與鼓設置在正殿的廊上，只有少數的廟宇會特別在廟的兩側護室設鐘樓、鼓樓。祖師廟的鐘樓、鼓樓，各有三層屋簷，在脊簷上各盤了一條龍，稱為六龍護塔。通常廟裡有法會時，會鐘鼓齊鳴，增加熱鬧的氣氛。

這兩座樓也都各花了三年功夫才完成，不比正殿的龍柱失色喔！」

「這又是誰呀？面目挺威武可怕的！」阿奇探頭看了鐘鼓樓下的西護室，發現了幾個持劍武士。

「這是四大天王，共有四尊，兩尊在西護室，另兩尊則在東護室。四大天王又稱四大金剛，有祈求風調雨順之意，你們再仔細看看，它們都是用銅所塑造成的，和一般廟裡用木頭雕刻成的有很大的不同呢！」

「我們是現代的四大金剛！」阿奇和小胖不知道什麼時候去找來了兩根棍子，擺了一個姿勢，讓大家笑彎了腰，也引起許多遊客的注意。

「走吧！我們還有精采的要看呢！這廟裡還有卡通人物美人魚和愛神邱比特喔！」阿公催促著大家。

妮妮一聽到美人魚，立刻跑到前頭，直叫三叔公快一點！

四大天王

☀ 四大天王，是指佛教中的「持國」「增長」「廣目」「多聞」等四大護法神，四大天王的名稱及造型如下：

☀ 東方持國天王，名「多羅旺」，身白色，手持琵琶。

☀ 南方增長天王，名「毗琉璃」，身青色，手握寶劍。

☀ 西方廣目天王，名「毗留博義」，身白色，手持中纏繞一龍。

☀ 北方多聞天王，名「毗沙門」，身綠色，右手持寶傘。

☀ 四大天王傳入中國後，其形象入境隨俗的被漢化了，因此改為武將打扮，與原本的造形有了一些改變，同時又受封神榜的影響，因此被付予「風調雨順」的責任。

「別急！現在三叔公要請你們
去找一些動物，在廟裡我們已經
看到了龍、鳳……等中國傳統的
吉祥物，但是在祖師廟中還有一
個最，最……最特別的特色，就
是廟中的石雕內容也很生活化
喔！像是兔子、章魚、哈巴狗、
台灣獼猴……等，也都在雕刻
中，你們趕快去找找看，找到的
人，等一下三叔公請他吃棉花
糖！」

找找看，廟裡面哪裡可以看到對聯？你知道這柱子上的書法是哪種字體嗎？

有了棉花糖的誘惑，冬冬、妮妮、阿奇、小胖、丫頭，便迫不及待的在廟裡找了起來。兩個老人這時也落得輕鬆，坐在石階邊話當年，看著來來往往上香的人潮，再看看穿梭在廟中的孩子們快樂的樣子，彷彿時光也倒流到以前……

　　不知道過了多久，只見冬冬、妮妮一臉垂頭喪氣的樣子走回來。

　　「三叔公騙人！哪有兔子和美人魚！」妮妮嘟著小嘴抗議，其他幾個人也紛紛跑回來，看來他們也都沒找到。

　　兩個老人笑了笑，「走吧！阿公帶你們去看。」只見阿公走到其中一根石柱邊蹲下身來，指著柱珠上說：「你們看，這是什麼動物？」

　　「咦！是蝦子耶！」幾個孩子像發現寶藏般，異口同聲的發出讚嘆。

　　阿公接著說：「這給你們幾個啟示，凡事不要只看上，不看下，而且要用心仔細觀察，並且發揮想像力，這些刻在柱子下柱珠位置的動物，造型很多，可以說是台灣廟宇中最生活化的雕刻，只有此地，別無分號喔！你們再去找找看吧，然後……」幾個小傢伙不等阿公說完，已經一溜煙的不見了。

　　不久他們就紛紛回報：「我看到章魚、烏賊、穿山甲……」

阿奇第一個跑回來報告：「真的，有哈巴狗，在正殿後面的牆上！」

　　冬冬也跑回來說出他的新發現，只見三叔公微笑著點點頭。

　　「我看到馬、老虎、老鼠……咦，好像是十二生肖！」小胖也發現新大陸似的喊著。

　　妮妮和丫頭最後回來，還是喪氣的說：「我還是找不到邱比特和美人魚！」

　　「嗯，你們都很聰明，反應也很快，但是要看美人魚還要再等一等，阿公和三叔公先帶你們去看別的東西，最後再帶你們去看美人魚。」

　　跟著三叔公，大家停在一幅石雕前，由於剛剛幾個小傢伙在廟裡的尋寶活動引起了一些遊客的注意，所以當三叔公開始要講古時，面前已經圍了一大堆人，他們也希望瞭解祖師廟的特色呢！但是幾個小朋友卻被擠出了人潮外。

　　「這面牆上的石雕作品，是李梅樹教授的畫作，他先在紙上畫出圖稿，再由石匠依稿上的圖雕刻上去。在這座廟中，李教授還找了許多當年知名的畫家，也在牆上留下了他們的作品，所以現在廟裡可是有不少大師級作品呢！」

　　「這種廟宇與藝術家結合的例子，祖師廟就是最好的說明，你們要不要去找找？」

柱珠

☀ 柱珠位於石柱的柱腳處，又稱「柱櫍」。是柱子的基礎，可以防潮及防止柱子的雕刻受到碰損，形式有很多種，有八角形、圓形、鼓形、六角形、方形、蓮瓣形……等。一般而言，柱珠的側面，常加以雕刻、裝飾，但因位置太低，常被一般人忽略，也由於體積小，圖形都極簡化。

☀ 祖師廟的柱珠刻著豐富的題材，充分表現出台灣地理、物產等的特色，有些生活化的題材往往是別的廟宇中所未見的。

　「可是我們又不認識大師級的畫家！」冬冬在人群外大
聲說，引起了一陣哄堂大笑。

　「沒關係，沒關係，三叔公忘了你們還小。我帶你們去
看看工匠們工作的場所吧！」只見三叔公帶著大家從東廂
房後方拐了個彎兒，就進入一個堆了許多木材和石材的房
間，有幾個工匠正聚精會神的雕刻著。

　「這些工匠，每個人幾乎都在這裡工作二、三十年了，
他們從年輕一直做到現在，頭髮都白了，一生就這樣奉獻
給祖師爺。」

石雕

☀ 用石頭做爲雕刻的材料，所完成的作品都可以稱爲石雕。廟宇中，石雕愈多，愈可以顯示此座廟宇的重要性。且由於石雕不易損壞，常常成爲廟中保留下來最古老的物件。

這些全是石作
壁堵。

　　「原來，廟裡的石雕就是這樣一刀一刀雕鑿出來的……」冬冬若有所思的說。

　　「沒錯，廟中的石雕、木雕都是這樣完成的，不要看這些作品不大，每一個匠師們都得花上好幾個月，甚至好幾年才能完成，通常先由大作師傅負責樑柱部分的粗胚，再交給徒弟慢慢修整。若是小件雕刻，則由細作師傅製作，最後再把作品組合到廟裡。」

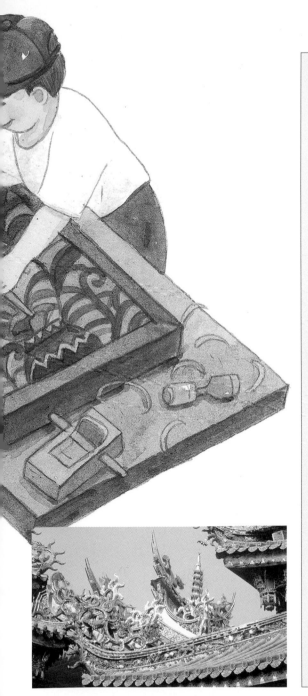

大作師傅

☀ 又稱「大木師傅」，即現代的結構設計師。雕刻師傅有豐富經驗者，通常都會將雕刻品的大樣雕好，再給徒弟去做，這種可以雕粗胚的師傅，一般稱為大作師傅，他們大多做樑架、斗拱之類工作。

細作師傅

☀ 細作師傅負責將作品細細雕鑿，通常都是相當有經驗的木雕師傅，才能做細作。一般而言，雀替、牆堵等雕刻，就是由細作師傅做的。作品的透雕部分，層次愈多，表示這個師傅能力愈強。

在昏黃的燈光下，只見匠師們一刀一刀慢慢的工作著，那些他們正雕刻的人物，彷彿被匠師們賦予生命般，正在敘述著一齣齣的故事呢！

三叔公帶著大家離開工作室回到廟中，並問大家看完了匠師的工作情形，再看看廟裡的雕樑畫棟，有些什麼感覺？

「突然覺得它們變美了！因為雕刻的東西不論姿態、動作都很漂亮。」

「覺得它們好像活的，因為匠師們把生命都加在這些雕刻身上！」

「這些故事感覺好像正在發生一樣，突然變親切了。」

「匠師們好辛苦，也很偉大，尤其是李梅樹教授，把一生都奉獻給祖師廟了！」

「你們說得很好，其實每一座廟都有許多特色值得我們去欣賞，像是斗拱、藻井、雕刻……等等，三叔公無法一一介紹，今天只能告訴你們一些簡單的概念，下次到廟裡去拜拜或參觀時，不要再像外行人只是看熱鬧，可也要看看門道喔！而且除了欣賞傳統的圖案、圖騰外，也要盡量去發現新事物，這樣才有意義。」

祖師廟三川門上
的門神群像

驚艷美人魚

　　說著說著，三叔公又指著身邊那根龍柱說：「你們看！美人魚不就在這裡嗎！」大家瞪大眼睛，一起喊著：「真的是美人魚耶！」

　　「還有蝦兵、蟹將，至於邱比特，則在樓上還沒有開放的地方，所以只好留一些想像空間給你們，下次再來囉！」

　　跟著阿公和三叔公走出祖師廟，大家又依依不捨的回頭看了看，每個人心中都有一個共同的感覺，「它」彷彿一個巨大的寶庫，正等著自己下次再來挖掘。

「阿公，不要忘了我們的棉花糖！」眼睛直盯著棉花糖小販的妮妮，一下子把大家的思緒拉了回來，

　　「走吧，我們去買棉花糖！」阿公牽著妮妮向前走，一下子這群人就淹沒在廟會的人潮中……

給孩子

　　親愛的小朋友，你不一定去過三峽的祖師廟，但一定去過家鄉或住家附近的廟宇吧！你是否就像書中的主角冬冬與妮妮，都未曾仔細的欣賞過廟宇之美呢？或者僅是隨著爸爸媽媽和爺爺奶奶，去拜拜進香而已？

　　閱讀了這個故事之後，你是否發現，原來廟宇之中，竟然還藏有許多寶呢！在你生活週遭的廟宇，也許你雖然去過多次，但卻一次也未曾仔細的欣賞過它們，你或許只知道它奉祀的神明叫什麼名字而已，但對於其他的故事、文化、習俗不一定有深入的探索與發現。

　　假如是這樣，沒有關係，當你閱讀了這篇故事之後，記得下一回找個時間，去一趟故鄉的廟宇，就把你自己當做是故事中的主角——冬冬與妮妮，按著故事中的情節，去找一找廟宇中，到底有哪些是你以前一直沒有發現的，將它們記錄、拍照或描繪下來，假以時日，你會成為一位懂得欣賞廟宇之美的專家。

一起玩・一起學

活動 **1.** 廟宇巡禮

小朋友，你可曾注意到居家附近的廟宇，它們有什麼樣
的歷史文化以及藝術之美呢？你不妨帶著這個活動單，
來一趟廟宇之美的巡禮與探索活動吧！

一、 你要拜訪的這一座廟宇是什麼廟呢？建於西元幾年？
供奉的主祀神是什麼神呢？

二、 在廟宇的龍邊與虎邊所雕刻的故事是什麼？

三、 你在這座廟宇中的木雕與石雕中，是否看出了哪一個歷史故事或
神話故事。

四、 廟宇的龍柱，是什麼樣式，請你簡單的描述。

五、 這座廟宇除了主祀神外，還奉祀了哪些配祀神，你知道嗎？
請將它們的名稱寫下來。

六、在這座廟宇的柱珠上，你發現了哪些生活中常見的動物？

七、 拜拜完了之後，你是否到金爐去「燒金」，是否注意到了「金紙」
上有什麼樣的圖案，說說看？

在廟會的活動中，有著陣頭或遊行的活動，
你曾留意嗎？
你是否與父母親一同去「進香」過，請記得下一次去進
香時，也做一番探索與記錄。

一、 此回的進香活動目的地是何處？如何去？

二、 你是否見到了乩童的活動呢？他使用了哪些法器？
 你看完有何感想？

三、 八家將是指什麼？與你一同的進香活動，
 你是否看到了八家將的陣頭？請探訪八家將的由來。

四、 在廟會中，常會見到大型的神偶，這回你們的進香活動，
 有那些神仙的大型神偶一同前往呢？它們的長相(造型)如何？

五、 進了廟中，除了欣賞建築雕刻外，你是否在供桌底下有什麼新發
 現？說說看。

六、 在廟宇正殿的兩側，你可能會看到很多木製的兵器放在架上，你
 知道它們的名稱嗎？是做什麼用的呢？

活動 *3.* 留住廟宇之美

廟宇中，有許多圖案，畫得或雕得很漂亮，你是否也想
將它們畫下來或拍照下來呢？找隻筆，將它們畫下來，
做個紀念。

一、門神的樣式很多，是否考慮畫一尊門神呢？

二、廟宇中有許多雕刻的圖案很傳神，找一件精彩的雕刻把它畫下來。

三、也可以使用你帶去的相機，拍下你要的圖案，把它貼在這裡。

四、或許這個廟宇有紀念戳，或詩籤，你不妨記錄在下面空白處。

廟門口的大廣場又稱廟埕，以前是孩子們玩耍的地方，早年的孩子只要在地上畫個圖形，找來三五好友，就可以玩了起來，這些鄉土遊戲，你是否也想學一學呢？

〈玩法及規則〉

一、鎖葫蘆可依參加的人數多寡來決定圖形，畫兩個到五個直徑一公尺～三公尺的圓圈，圓圈與圓圈須相連。圓圈相連處畫上30公分大小的方格，當做門。愈上面的圓圈愈小，愈下面的圓圈愈大，讓這個圖形看起來像是一個葫蘆。（如圖1，圖2）

二、從參加這個遊戲的人中，猜拳決定一個人當鬼，鬼需要追其他的人。其餘的人則依門的數目，選出三～六人負責拿一個小石頭（代表鎖，若三個門就選三個人拿鎖，若六個門就選六個人拿鎖），這些拿鎖的人才有資格鎖門、開門。

三、遊戲一開始，由鬼追逐所有的小孩子，被追者可以在葫蘆之外繞圈子，也可以經由第一個門或最後一個門（方格），從葫蘆的兩端跑入葫蘆中，當鬼追來時，拿鎖者可以回身迅速將石頭（鎖）放在方格內，表示鎖住了門，鬼就不可以從這個地方進入葫蘆內抓人（不可從中間的門跑進或跑出），但鬼在葫蘆外可以伸手抓葫蘆內的小孩，腳不可踩線或越線進入葫蘆內。

四、鎖住門的人才有權利再開門（拿起石頭），若門鎖住時，鬼及其他小孩都不可以進入；反之，若門沒鎖，所有人都可以從門自由進出。若鬼進入葫蘆內抓人，卻不小心被鎖在葫蘆內，則表示當鬼者失敗，可以罰鬼學動物叫或唱首歌，再重新開始。

五、假若有小孩在追逐中被鬼抓到，則必須當鬼，重新開始。若所有的
　孩子都將門鎖住，躲在葫蘆內不出來或不開門，超過30秒，則這些
　小孩子當中就必須猜拳選出一個新鬼出來，重新再玩。

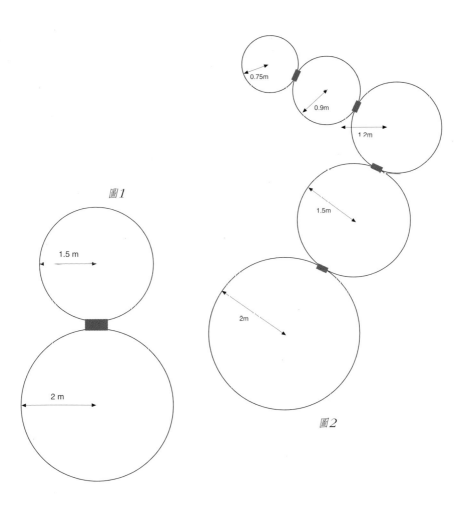

圖1

圖2

給家長

　　這個故事以冬冬與妮妮的假期做為出發點，並以三峽祖師廟做為例子，是希望父母親在帶孩子到廟中拜拜或參觀時，除了對神明的祭祀外，也同時給孩子一些文化的陶冶。

　　許多人到廟中去，只是看了熱鬧，卻忽略了它還有許多門道可以欣賞，台灣的各鄉鎮之廟宇其實都是該區域的文化、教育中心，它有精美的雕刻，有動人的神話故事，有豐富的文化內涵……等，這些當中，它讓藝術與人文充分的展現無遺。

　　假若父母親能像書中的三叔公一樣，用引導的方式、講古的心情，去激發孩子的學習興趣，每一座廟宇都可以是一個很好的學習寶庫。孩子若瞭解廟宇之美，他以後就會懂得欣賞我們的文化之美，而培養出欣賞藝術的涵養，讓廟宇文化傳承的功能延續下去。

　　父母親在陪孩子閱讀完這個故事後，若有機會，不妨帶孩子來一趟三峽祖師廟知性之旅，若無法如此，也可以找居家附近之廟宇好好觀察一番，相信，您及孩子必定會有新的收穫。

　　本書有許多解釋名詞，然而一座廟宇中可以欣賞的絕不止這些，還有很多可以再做更進一步的介紹或分析，就等讀者在閱讀本故事之後，引發繼續探索的興趣，再去做進一步的發現吧！

老師的教學運用

在九年一貫課程的教學設計上，這本故事書可以讓你更便利的使用於「藝術與人文」的教學領域中，您可以將它當做輔助性的教材，學習對於文化、古蹟、文物的探索、審美與應用。

當然在課程的統整範疇中，你尚可以結合社會、自然、語文、綜合活動、健康與體育等做統整性的應用，選取其中的主題，去做主題式的統整教學。在自然領域中，可以去探索廟會與節日、節慶的關係；在社會領域中，可以去探索歷史沿革與人文背景；在語文中，可以去探索母語，以及俚語來由或念謠、歌謠等；在綜合活動中，去探索農村休閒活動，在健康與體育領域中，去了解廟會中的陣頭形成與民俗體育。

學習領域統整圖

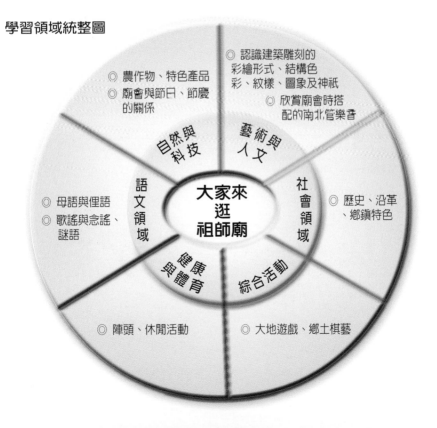

◎ 農作物、特色產品
◎ 廟會與節日、節慶的關係

◎ 認識建築雕刻的彩繪形式、結構色彩、紋樣、圖象及神祇
◎ 欣賞廟會時搭配的南北管樂音

◎ 母語與俚語
◎ 歌謠與念謠、謎語

◎ 歷史、沿革、鄉鎮特色

◎ 陣頭、休閒活動

◎ 大地遊戲、鄉土棋藝

自然與科技　藝術與人文
語文領域　社會領域
健康與體育　綜合活動

大家來逛祖師廟

Let's Read 讀讀樂34【藝術人文類・高年級】

大家來逛祖師廟

2002年10月初版　　　　　　　　　　　　　　　定價：新臺幣170元
2006年1月初版第三刷
2019年7月二版
有著作權・翻印必究
Printed in Taiwan.

						故　事	吳　望　如
						繪　圖	陳　麗　雅
						攝　影	唐　學　明
活動、導讀、教學運用		九年一貫課程教學研究會				責任編輯	黃　惠　鈴
顧問群	林麗麗、林月娥、吳望如、胡玲玉、莊春鳳						高　玉　梅
	劉吉媛、鄒敦怜、顏美姿					校　對	顏　美　姿

出　版　者	聯經出版事業股份有限公司	總 編 輯	胡　金　倫
地　　　址	新北市汐止區大同路一段369號1樓	總 經 理	陳　芝　宇
編輯部地址	新北市汐止區大同路一段369號1樓	社　　長	羅　國　俊
叢書主編電話	(0 2) 8 6 9 2 5 5 8 8 轉 5 3 1 2	發 行 人	林　載　爵
台北聯經書房	台 北 市 新 生 南 路 三 段 9 4 號		
電　　話	(0 2) 2 3 6 2 0 3 0 8		
台 中 分 公 司	台 中 市 北 區 崇 德 路 一 段 1 9 8 號		
暨 門 市 電 話	(0 4) 2 2 3 1 2 0 2 3		
郵 政 劃 撥 帳 戶	第 0 1 0 0 5 5 9 - 3 號		
郵 撥 電 話	(0 2) 2 3 6 2 0 3 0 8		
印　刷　者	世 和 印 製 企 業 有 限 公 司		
總　經　銷	聯 合 發 行 股 份 有 限 公 司		
發　行　所	新北市新店區寶橋路235巷6弄6號2F		
電　　話	(0 2) 2 9 1 7 8 0 2 2		

行政院新聞局出版事業登記證局版臺業字第0130號

本書如有缺頁，破損，倒裝請寄回台北聯經書房更換。　　ISBN　978-957-08- 5329-2 (平裝)
聯經網址 http://www.linkingbooks.com.tw
電子信箱 e-mail:linking@udngroup.com

　　　國家圖書館出版品預行編目資料

大家來逛祖師廟/ 吳望如故事 . 陳麗雅繪圖 .
唐學明攝影 . 初版 . 新北市 . 聯經 . 2019.07
96面；14.5×21公分 .
(Let's Read 讀讀樂34：藝術人文類 高年級)
ISBN　957-08-5329-2 (平裝)
[2009年7月二版]

1.藝術教育　2.雕刻　3.小學教學

523.37　　　　　　　　　　　　　108008307